MADLEN

Addasiad Non ap Emlyn o *Breuddwyd Madlen* gan
Eleri Llewelyn Morris

Lluniau gan
Rod Knipping

UNED IAITH GENEDLAETHOL CYMRU
CBAC

Paratowyd y llyfr hwn ar gyfer disgyblion Cymraeg Ail Iaith Cyfnodau Allweddol 3 a 4.

Mae'r storïau wedi eu haddasu ar y lefelau canlynol:

Lefelau 3/4

Lefelau 4/5

Lefelau 5/6

Lefelau 6/7

Madlen
Addasiad o *Breuddwyd Madlen*, gan Eleri Llewelyn Morris (Cyfres y Dolffin, hawlfraint ACCAC ©) a gyhoeddwyd ym 1996 gan Gwmni Iaith Cyf.

Addasiad: Non ap Emlyn

© Lluniau gan Rod Knipping

Argraffiad cyntaf Hydref 1999

Cyhoeddwyd gan Uned Iaith Genedlaethol Cymru, Cyd-bwyllgor Addysg Cymru, 245 Rhodfa'r Gorllewin, Caerdydd CF5 2YX

Mae Uned Iaith Genedlaethol Cymru yn rhan o WJEC CBAC Limited, elusen gofrestredig a chwmni a gyfyngir gan warant ac a reolir gan awdurdodau unedol Cymru.

ISBN 186085 359 5

Argraffwyd gan Wasg Gomer, Llandysul, Ceredigion. SA44 4QL

Y Disgo

Lefelau 3/4

Mam Madlen

Einion

Daniel

Madlen

Roedd Madlen yn byw efo'i mam ac Einion, gŵr newydd ei mam. Roedd Daniel, mab Einion, yn byw efo nhw hefyd. Roedden nhw'n byw ar fferm.
Roedd Madlen yn hoffi Daniel yn fawr iawn. Roedd hi mewn cariad efo fo ond doedd o ddim yn gwybod.

Un noson, roedd Daniel yn mynd i ddisgo yn y pentref.
"Wyt ti eisiau mynd hefyd?" gofynnodd Einion i Madlen.
"Ie, beth am ddod i'r disgo?" gofynnodd Daniel.

Roedd Madlen yn hapus iawn.
Roedd hi'n mynd i'r disgo efo
Daniel! Aeth hi i'r ystafell wely i
wisgo ei dillad newydd.

Roedd hi eisiau gwisgo colur
hefyd. Ond doedd ei mam hi
ddim yn hoffi colur Felly, rhoiodd
hi'r colur mewn bag.

5

Gyrrodd Einion y ddau i'r pentref.

Cerddodd y ddau i mewn i'r neuadd. Roedd Madlen yn teimlo'n hapus iawn yn cerdded i mewn efo Daniel.

Roedd rhai pobl yn dawnsio. Roedd Madlen eisiau dawnsio hefyd.

Roedd hi eisiau mynd i roi colur ar ei hwyneb cyn dawnsio. Roedd hi eisiau edrych yn ddel.

Aeth hi i'r toiled. Safodd hi o flaen y drych. Dechreuodd hi roi colur ar ei hwyneb.

Yn sydyn, agorodd y drws. Daeth Glenda a'i ffrindiau i mewn. Roedd Glenda'n ferch sbeitlyd iawn. Doedd hi ddim yn hoffi Madlen.

Edrychodd hi yn y bag colur.

Eistedda!

Pwyntiodd hi at un o'r toiledau.
Roedd Madlen yn ofni Glenda.
Aeth hi i eistedd ar y toiled.

Cau dy lygaid.

Roedd Glenda'n mynd i roi colur
ar wyneb Madlen. "Cau dy
lygaid," dwedodd hi. Caeodd
Madlen ei llygaid.

Mascara!

Mascara!

Gofynnodd hi am y Mascara.

Lipstick!

Lipstick!

Roedd ffrindiau Glenda'n pasio'r
colur iddi hi - fel nyrs mewn theatr
mewn ysbyty.

Gorffennodd Glenda. Roedd ffrindiau Glenda'n chwerthin.
"Rwyt ti'n siwr o gael cariad yn y disgo heno," dwedodd Glenda.

Cerddodd hi a'i ffrindiau allan.
Agorodd Madlen ei llygaid.

Cerddodd hi at y drych.
Edrychodd hi yn y drych.

Cafodd hi sioc. Roedd ei bochau hi'n binc. Roedd ei gwefusau hi'n las. Roedd ei llygaid hi'n goch.

Roedd hi'n teimlo'n ofnadwy. Dechreuodd hi ymolchi. Rhwbiodd hi.
Ymolchodd hi. Rhwbiodd hi eto. Roedd hi'n anodd golchi'r lliwiau i
ffwrdd.

Mae hi wedi sbwylio'r noson - noson Daniel a fi!

Ar ôl gorffen doedd hi ddim eisiau mynd i'r disgo. Eisteddodd hi ar y
toiled. Arhosodd hi yno trwy'r nos.

Am bum munud i un ar ddeg, aeth hi allan o'r toiled. Cerddodd hi trwy'r neuadd ac aeth hi allan.

Roedd Einion wedi parcio tu allan.

Doedd Daniel ddim yno eto.

Edrychodd Madlen allan drwy'r ffenest. Roedd pobl ifanc yn cusanu ar y sgwâr.

Wrth ochr y neuadd roedd bachgen a merch yn cusanu.
Troiodd y bachgen. O! NA! Daniel oedd o. Roedd Madlen yn siomedig
iawn. Ond pwy oedd y ferch? Dechreuodd y ddau gerdded.
Yn sydyn, roedd Madlen yn teimlo'n sâl!
Roedd Daniel yn cerdded efo . . .

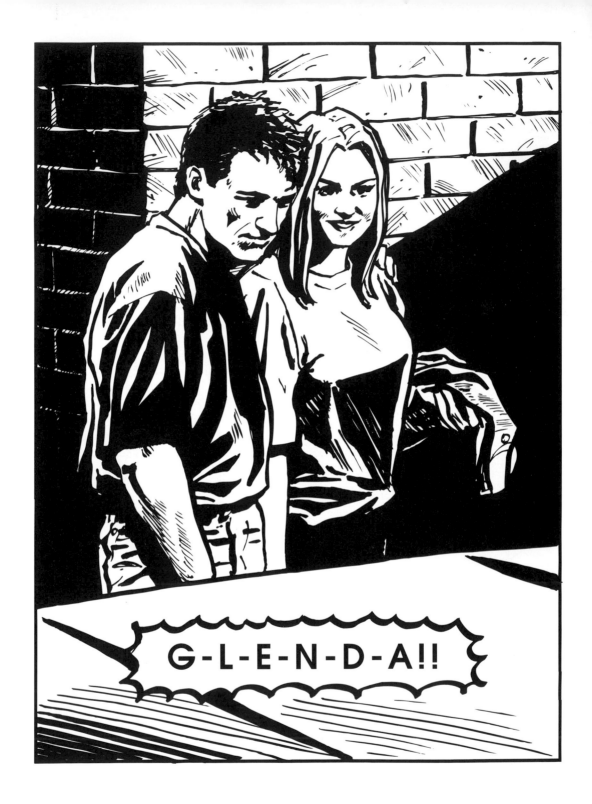

HELP

arhosodd hi yno	she stayed there
atebodd hi	she answered
caeodd hi ei llygaid	she closed her eyes
dechreuodd y ddau gerdded	they both started to walk
gorffennodd hi	she finished
rhoiodd hi	she put
rhwbiodd hi	she rubbed
troiodd y bachgen	the boy turned
ymolchodd hi	she washed

GEIRFA

anodd	difficult
bochau	cheeks
colur	make-up
cusanu	to kiss
(yn) ddel	pretty
drych	mirror
esgusoda fi	excuse me
gwefusau	lips
gŵr	husband
llygaid	eyes
mab	son
ofni	to be afraid
perffaith	perfect
sbeitlyd	spiteful
sgwâr	square
siomedig	disappointed
wyneb	face

Carlam

Lefelau 4/5

Roedd Mam a fi'n byw ar fferm yng Nghymru, efo Einion, gŵr Mam a Daniel, mab Einion. Roedd ceffyl ar y fferm o'r enw Carlam. Roedd gennyn ni gi hefyd, Gelert. Roedd o'n annwyl iawn!
Roedd Einion yn eitha neis ac roedd Daniel yn BISHYN!!!!!! Roeddwn i mewn cariad efo fo.
Roedd byw ar y fferm yn braf.
Ond roedd gen i un broblem fawr - GLENDA!

Doedd Glenda ddim yn fy hoffi i o gwbl. Roedd hi yn yr un dosbarth â Daniel a fi ac roedd hi'n sbeitlyd iawn.

Hei! Beth rwyt ti'n wneud?

Roedd plant yr ysgol yn ofni Glenda. Felly, doedden nhw ddim eisiau bod yn ffrindiau efo fi. Roedden nhw eisiau plesio Glenda. Un diwrnod, roeddwn i'n aros am y bws gyda Daniel, Glenda a bachgen arall. Yn sydyn, gwthiodd y bachgen fi allan i'r ffordd o flaen car. Un o ffrindiau Glenda oedd o.

Roedd Glenda'n gwneud bywyd yn anodd iawn.
Ac roedd rhywbeth ofnadwy wedi digwydd – roedd hi wedi dechrau mynd allan efo Daniel. Daniel, fy nghariad i!
Felly roedd hi'n dod i'r fferm yn aml, ac roedd hi'n sbeitlyd iawn yno hefyd.

Beth am fynd ar gefn y ceffyl, Madlen?

Na.

Dydy Madlen ddim yn hoffi ceffylau.

Mae ofn ceffylau arna i. Roedd Glenda'n gwybod hyn.
"Beth am fynd ar gefn y ceffyl?" roedd hi'n gofyn yn aml. Roedd hi'n gwybod sut roeddwn i'n teimlo am geffylau! "Tyrd, paid â bod yn fabi," roedd hi'n dweud.
Ond roedd Daniel yn ochri efo fi. Roedd Glenda'n ddig!

Un dydd Sadwrn, roeddwn i'n helpu Mam yn y tŷ. Roedd Daniel allan yn chwarae rygbi. Dim ond Mam a fi oedd gartref.

Tua hanner awr wedi dau, gwelais i Glenda yn dod i lawr y ffordd at y fferm. Beth roedd hi eisiau?

O, na! Beth mae hi eisiau?

Wyt ti eisiau mynd am dro?

"Haia, Madlen," dwedodd hi'n gyfeillgar (o flaen Mam). "Wyt ti eisiau mynd am dro?"

Roedd ofn arna i. Ond dwedais i, "Iawn". Daeth Gelert, y ci, efo ni. Edrychais i ar Mam. Roedd hi'n poeni, dw i'n meddwl.

"Tyrd," dwedodd Glenda a cherddon ni i lawr y bryn ac at y cae.

Yna, roeddwn i'n gwybod pam roedd hi yno. Roedd Daniel allan ac roedd hi'n mynd i fod yn sbeitlyd efo fi.

Roedd Carlam yn pori'n braf wrth y wal. Edrychodd Glenda ar y ceffyl. Edrychodd hi arna i.

"Reidia Carlam," dwedodd hi'n sydyn.

"Na, na, fedra i ddim. Mae ofn Carlam arna i," atebais i.

"Dos ar gefn y ceffyl yna," dwedodd hi. "Neu dw i'n mynd i roi cic i Gelert." Yna, yn sydyn, ciciodd hi Gelert.

"Na, na, paid!" sgrechiais i.

"Wel rhaid i ti fynd ar gefn Carlam 'te."

Symudais i ddim. Ciciodd hi Gelert unwaith eto.

"PAID! PAID! PLÎS PAID!"

"Iawn," atebodd hi'n dawel, "ond rhaid i ti fynd ar gefn Carlam."

"Iawn . . . Iawn. Jest paid â brifo Gelert."

Helpodd Glenda fi i ben y wal. Gwthiodd hi fi. Roedd gormod o ofn
arna i. Roeddwn i'n methu symud. Felly, aeth hi ar gefn Carlam.
Rhoiodd hi ei llaw allan. Roeddwn i'n mynd i gymryd ei llaw . . .
ond . . .

. . . syrthiais i rhwng Carlam a'r wal. Cafodd Carlam fraw.
Dechreuodd o redeg ar draws y cae. Roedd Glenda ar ei gefn o, yn
dal yn dynn.

Roedd y ceffyl yn dawnsio'n wyllt. Roedd Glenda'n sgrechian nerth ei phen. Ond doeddwn i ddim yn gallu symud! Trïais i godi ond doeddwn i ddim yn gallu.

Yn sydyn, rhedodd Mam i'r cae. Roedd hi wedi bod yn edrych arnon ni drwy'r ffenest. Roedd dau berson arall efo hi.
Rhedodd hi ar ôl Carlam a Glenda. Carlamodd y ceffyl i ffwrdd efo Glenda'n dal yn dynn. Rhedodd Mam ar ôl y ceffyl. Eto ac eto trïodd hi ddal Carlam. Ond roedd hi'n amhosib.

Yn sydyn, taflodd y ceffyl Glenda'n uchel i'r awyr. Syrthiodd hi i'r llawr yn galed.

Roedd Mam yn crïo, "Mi drïais ei hachub hi! Mi drïais ei hachub hi!"

Roedd y bobl eraill yn plygu dros Glenda. Cododd y dyn ei ben.

"Mi drïais ei hachub hi," dwedodd Mam eto, yn dawel.

"Do. Roeddech chi'n ddewr iawn. Ond mae hi wedi marw," atebodd y dyn.

HELP

cafodd Carlam fraw	Carlam had a fright
dechreuodd hi	she started
gwthiodd bachgen fi	a boy pushed me
mi drïais ei hachub hi	I tried to save her
sgrechiais i	I screamed
taflodd Carlam Glenda	Carlam threw Glenda

GEIRFA

achub	to save
braw	fright
bryn = rhiw	hill
carlamu	to gallop
dal yn dynn	to hold tight
dewr	brave
dos = cer	go
(yn) ddig	angry
fedra i ddim = alla i ddim	I can't
gad lonydd iddi hi	leave her alone
(yn) gas	nasty
gŵr	husband
mab	son
(wedi) marw	dead
nerth ei phen	at the top of her voice
ochri	to take the side of
plygu	to bend
pori	to graze
priodi	to marry
sbeitlyd	spiteful
symud	to move
taflu	to throw
tynnu	to pull

Daniel . . . a Glenda a Fi

Lefelau 5/6

Roedd bywyd yn mynd i fod yn wahanol iawn. Roedd Mam wedi
cyfarfod â hen ffrind, ac roedden nhw wedi penderfynu priodi.
Felly, roedd rhaid i ni symud o Lundain, fy nghartref i, i Ogledd
Cymru, lle roedd Einion, y gŵr newydd, yn byw! Roeddwn i'n ddig
iawn. Doeddwn i ddim eisiau symud!
"Mi fyddi di wrth dy fodd yna," dwedodd Mam. "Mae Einion yn
byw ar fferm ac mae ei fab o, Daniel, yn byw efo fo. Mae o'r un
oed â chdi ac mae o'n annwyl iawn."
Brawd newydd hefyd! Pa fath o fachgen oedd o, tybed?
Roeddwn i'n gwybod cyn cyfarfod â fo! Un gwirion a hyll!

Ces i sioc mawr pan welais i Daniel. Roedd o'n bishyn! Waw!
Roeddwn i wedi dod i fyw yn yr un tŷ â'r bachgen golygus yma!
Roedd pethau'n dechrau gwella.

Ond roedd tipyn o broblem hefyd. Roeddwn i'n teimlo'n swil
ofnadwy. "Haia!" meddai, "Sut wyt ti?"

Roeddwn i'n methu edrych yn ei wyneb o. Felly, edrychais i ar ei
draed o.

Roeddwn i'n rhy swil i ddweud unrhyw beth amser swper hefyd.
Roedd gen i dair problem:

1.   Roeddwn i wedi syrthio mewn cariad efo Daniel;
2.   Roeddwn i'n byw yn yr un tŷ â fo;
3.   Roeddwn i'n methu siarad â fo nac edrych arno fo.

Y bore wedyn, cerddais i efo Daniel i ddal y bws ysgol. Roeddwn i'n dawel iawn achos roeddwn i'n swil ac roeddwn i'n poeni am yr ysgol newydd.

Aethon ni i mewn i'r bws. Pwyntiodd Daniel at sedd wag yn y gwaelod.

"Yli, Madlen, dos i eistedd yno," dwedodd o. "Dw i isio mynd i fyny'r grisiau at yr hogia. Iawn?" Gadawodd o fi yno. Roeddwn i'n teimlo'n unig iawn, ac roedd pawb arall yn edrych arna i, "y ferch newydd".

Yn sydyn, clywais i sŵn traed yn trampio i lawr y grisiau. Daeth merch i lawr y grisiau. Safodd hi ar y gwaelod yn edrych arna i.

"Dyna hi, Glenda," dwedodd un o'i ffrindiau, "Hi efo'r gwallt hir." Roedd y ferch yn syllu arna i. Ac roedd ei llygaid hi'n llawn casineb.

Mae gen ti wallt neis, Madlen.

Roedd Glenda yn yr un dosbarth â Daniel a fi. Ond siaradodd hi ddim â fi tan amser mynd adre.

Pum munud ar ôl i'r bws adael yr ysgol, daeth Glenda a'i gang i lawr o'r top. Eisteddodd hi tu ôl i mi.
"Mmm, mae gen ti wallt neis, Madlen," meddai. "Ti'n lwcus!" Dechreuodd ei ffrindiau hi chwerthin.
"Beth sy'n bod, genod?" gofynnodd hi. "Mae gwallt Madlen **yn** neis. Hei, wyt ti'n gwybod beth fasai'n dy siwtio di?" gofynnodd hi eto. "*French plait*. Ga i wneud un?"
"I-iawn," dwedais i'n dawel.

Teimlais i Glenda'n cribo fy ngwallt yn galed. Doeddwn i ddim yn
gallu gweld beth roedd hi'n wneud, ond roedd pawb yn
chwerthin.
"Dyna chdi, Madlen!" meddai hi o'r diwedd. "O, am ddel!"
Roedd pawb yn chwerthin.
Stopiodd y bws. Dyma fy stop i. Ceisiais i godi. Methais i. Ceisiais i
eto. Methais i eto. Aeth y chwerthin yn fwy. Yna, roeddwn i'n
gwybod beth oedd wedi digwydd. Roedd Glenda wedi plethu fy
ngwallt o gwmpas y bar metel ar gefn fy sedd. Roeddwn i'n
sownd wrth sedd y bws, a doedd Daniel ddim yno i roi help - roedd
o'n chwarae rygbi.

Dechreuodd y bws fynd eto. Ceisiais i ddod yn rhydd. O'r
diwedd, tynnais i'r gwallt o'r bar metel a stopiodd y bws wrth y
stop nesaf.
Es i allan o'r bws. Roedd merch arall yn mynd i lawr o'r bws efo fi.
Edrychodd hi arna i'n garedig a dwedodd hi, "Mae'n well i ti
gadw allan o ffordd Glenda."
"Ond . . . ond pam?" gofynnais i. "Dw i ddim wedi gwneud dim
byd iddi hi!"
"Mae hi'n ffansïo Daniel."

Cyn bo hir, roedd Glenda a'i ffrindiau'n pigo arna i trwy'r amser.
Un diwrnod, yn yr ysgol, syllodd Glenda arna i am hir.
"Madlen," dwedodd hi o'r diwedd. "Rwyt ti'n edrych fel rhyw
anifail. Pa un? Dw i ddim yn gallu cofio." Troiodd hi at ei ffrindiau,
"Mae Madlen yn edrych fel rhyw anifail. Pa un?"
"Llgodan!" meddai un o'r bechgyn.
"Wrth gwrs," atebodd Glenda. "Hei, dw i wedi meddwl am enw
da iddi hi - Llgodan Llundan!"
Yna, bob tro roedd Glenda a'i ffrindiau'n mynd heibio, roedden
nhw'n gweiddi, "Llgodan Llundan!"

Ac yna, digwyddodd rhywbeth ofnadwy! Dechreuodd Daniel fynd
allan efo Glenda. Gwelais i'r ddau'n cusanu ar ôl disgo.
Doeddwn i ddim yn gallu credu fy llygaid. Glenda o bawb!
Roeddwn i'n caru Daniel. Roeddwn i'n casáu Glenda. Roeddwn
i'n torri fy nghalon.

Ac, wrth gwrs, dechreuodd Glenda ddod i weld Daniel ar y fferm. Roedd hyn yn broblem.

Dw i ddim yn hoffi ceffylau. Mae ofn ceffylau arna i. Roedd Glenda'n gwybod hyn. Felly, un diwrnod, ceisiodd hi fy mherswadio i fynd ar gefn Carlam, y ceffyl ar y fferm.

Doeddwn i ddim eisiau mynd, wrth gwrs. Roedd gormod o ofn arna i. Ond roedd hi'n mynnu.

"Dos ar gefn Carlam," dwedodd hi eto ac eto. "Paid â bod yn fabi!"

Clywodd Daniel. Roedd o'n ddig. "Glenda, gad lonydd i Madlen. Mae ofn Carlam arni hi. Iawn?"

Roedd Daniel wedi ochri efo fi. Doedd Glenda ddim yn hapus o gwbl!

Ond yna, newidiodd popeth. Un dydd Sadwrn roedd Glenda ar gefn Carlam. Cafodd hi ddamwain ofnadwy. Taflodd y ceffyl hi i'r awyr. Syrthiodd hi i'r llawr yn galed. Doedd neb yn gallu helpu Glenda. Buodd hi farw ar unwaith.

Roedd bywyd yn wahanol iawn wedyn. Roedd pawb yn yr ysgol eisiau bod yn ffrindiau efo fi. Roedd Daniel a fi'n agosach hefyd - roedd rhai o'r plant wedi dweud wrtho fo fod Glenda'n gas wrtho i.

"Pam na ddwedaist ti, Madlen?" gofynnodd o un noson. "Doeddwn i ddim yn gwybod beth i'w ddweud," atebais i.

Un noson, roedden ni'n eistedd o flaen y tân, yn gwylio'r teledu - Mam, Einlon, Daniel, Gelert, y ci, a fi. Roedd Daniel yn ysgrifennu rhywbeth ar ddarn o bapur. Yna, gwnaeth o awyren o'r papur. Taflodd o'r awyren ata i. Glaniodd hi ar lin Mam! Agorodd hi'r awyren. Darllenodd hi'r neges. Yna, plygodd hi'r papur eto a'i roi i mi. Darllenais i'r neges.

"Madlen, mae 'na ddisgo yn y neuadd nos Wener nesa. Wyt ti eisiau dod efo fi? Daniel."

Roeddwn i wrth fy modd.

GEIRFA

annwyl	nice, dear
awyren	aeroplane
casineb	hatred
cenfigennus	jealous
cribo	to comb
cyfeillgar	friendly
dig	angry
genod = merched	girls
glanio	to land
glin	knee
golygus	handsome
gwella	to improve
gwirion	daft, stupid
hogia = bechgyn	lads
hyll	ugly
methu	to be unable to
mynnu	to insist
o bawb	of all people
ochri	to take sides
plethu	to plait
swil	shy
sedd	seat
yli = edrycha	look
yn waeth byth	worse still

Newid Byd

Lefelau 6/7

"Wyt ti'n hoffi darllen am bethau dirgel?" gofynnodd Daniel i mi amser swper.

"Y? O. . . y . . . na," atebais i.

"Mae 'na gymaint o bethau dydyn ni ddim yn deall," dwedodd o.

Roedd gan Daniel ddiddordeb mewn pethau dirgel ac ar ei silff lyfrau roedd ganddo fo bob math o lyfrau am ddirgelwch bywyd:

> Tua dwsin o lyfrau clawr papur o'r gyfres 'Point Horror'
> Nofelau gan Christopher Pike
> Tair nofel gan Stephen King
> Llyfr Cymraeg efo'r teitl 'Popeth am Ysbrydion'
> Copi clawr caled o 'The World's Great Mysteries'
> Copi clawr caled o 'Photographs of the Unknown'
> Pentwr mawr o gylchgronau efo'r teitl 'The Unexplained'

A dweud y gwir, roedd pethau rhyfedd wedi bod yn digwydd i mi yn ddiweddar, ers i mi symud i Gymru efo Mam.

Am ryw reswm, doeddwn i ddim yn hoffi Mam - dim o gwbl. Roedd hi mor blaen. Mor sych! Mor dawel! Ces i sioc ofnadwy un diwrnod pan ddwedodd hi ei bod hi'n mynd i briodi hen ffrind. (Roedd Dad wedi gadael Mam ers dwy flynedd.) Doeddwn i ddim yn gallu credu bod unrhyw un eisiau priodi Mam.

"BE? Eich priodi chi?" gofynnais i, yn methu credu'r peth.

Ond dyna fo, achos bod Mam wedi penderfynu ail-briodi, roedd rhaid iddi hi - a fi - symud i Gymru i fyw - efo Einion, ei gŵr newydd, a Daniel, ei fab. Dyna pryd dechreuodd y pethau rhyfedd ddigwydd.

Cymerwch y diwrnod roedden ni'n symud i Gymru, er enghraifft. Roeddwn i ar y trên yn teithio trwy Ogledd Cymru, yn edrych ar y coed a'r caeau. Coed a chaeau dieithr. Doeddwn i ddim wedi bod yma o'r blaen. Ac eto . . . pan oeddwn i'n edrych arnyn nhw, ces i deimlad rhyfedd. Roeddwn i'n nabod y lle. Roeddwn i wedi bod yno o'r blaen. Ond . . . dyma'r tro cyntaf i mi ddod i Gymru. Rhyfedd iawn!

Yna, roedd y trên yn teithio ar hyd glan y môr. Roedd popeth yn las - y môr a'r awyr. Ond yna, ces i brofiad rhyfedd iawn. Roedd ofn arna i. Ofn fel ton fawr, wlyb, yn lapio'i hun amdana i. Doeddwn i erioed wedi teimlo ofn fel 'na o'r blaen. Ac roedd hyn heb reswm. Roedd y môr mor dawel. Roedd popeth yn hyfryd!

Ar ôl cyrraedd yr orsaf, roedd Einion yn aros amdanon ni. Aeth
Mam allan o'r trên ac yn syth i'w freichiau. Roedd o'n ddyn tal,
tywyll, tenau, tua'r un oed â Mam. A dyna brofiad rhyfedd arall.
Roeddwn i'n nabod y dyn yma - ond doeddwn i ddim wedi ei
weld o erioed o'r blaen!

Roedd teimlo fel hyn yn fy nychryn i.

A phan glywais i sŵn newydd un noson, daeth ofn mawr drosto i eto. Roedd Mam yn eistedd ar y gwely yn siarad â mi, cyn i mi fynd i gysgu. Yn sydyn, daeth sŵn mawr o'r tu allan.

"Beth ydy hwnna?" gofynnais i.

Atebodd Mam ddim ar unwaith. Yna, sibrydodd hi, "Ceffyl. Carlam, y ceffyl, yn gweryru. O'r stabl ar y buarth." Roedd ei llais hi'n crynu. Roedd ei hwyneb hi'n wyn. Roedd ofn arni hi hefyd!

Ar ôl iddi hi fynd roedd cymaint o gwestiynau yn fy meddwl i:

Pam roedd ofn arna i pan glywais i Carlam yn gweryru?
Pam roedd ofn arna i pan welais i'r môr?
Pam roedd ofn ar Mam?
Sut roeddwn i'n nabod Einion?

Ac ar ben hyn i gyd, dechreuais i gael breuddwydion rhyfedd. Roeddwn i'n breuddwydio am ddwy ferch fach. Roedd un yn hardd a'r llall yn blaen. Roedd y ferch blaen yn fy atgoffa i o rywun. Fi oedd y ferch hardd yn y freuddwyd bob tro ac roeddwn i'n anhapus iawn.

Bob tro roeddwn i'n breuddwydio am y merched yma, roeddwn i, y ferch fach hardd, yn chwarae tric budr ar y ferch fach blaen. Un tro daeth bachgen i mewn i'r freuddwyd - bachgen tal, tywyll, tenau. Roedd o'n edrych yn debyg i rywun hefyd!

Mewn un freuddwyd roedd fy ffrind, y ferch blaen, a mi, ar draeth hir, melyn. Roedd y môr yn las, las. Roedden ni'n marchogaeth ar hyd y traeth. Roedd fy ffrind yn medru marchogaeth yn dda. Doeddwn i ddim. Yn sydyn, stopiodd fy ngheffyl i. Ces i fy nhaflu oddi ar ei gefn. Roedd fy esgid i yn sownd yn ei warthol.

Dechreuodd y ceffyl drotian. "Help! Dw i'n sownd! Helpa fi, Medwen!" gwaeddais i. Ond wnaeth hi ddim byd. Dim ond eistedd yno yn edrych arna i. Rhedodd y ceffyl yn gyflymach. "Medwen!" sgrechiais i. "Gwna rywbeth. Medwen!"
Eto, symudodd hi ddim. Carlamodd y ceffyl yn wyllt. Llusgodd o fi ar ei ôl - i mewn i'r môr. Roedd y tonnau'n cau o fy nghwmpas i. Roedden nhw fel tafodau mawr yn fy llyfu i, yn fy lapio i. Sgrechiais i nerth fy mhen.
"Help! Medwen! Medwen! Dw i'n boddi, Medwen!"
Teimlais ofn dychrynllyd. Yna, aeth popeth yn ddu.

Pan ddeffrais i, roeddwn i'n crynu ac yn crïo. Roeddwn i'n dal i weiddi, "Help Medwen! Medwen! Dw i'n boddi, Medwen!"
Stopiais i'n sydyn. Beth oeddwn i'n weiddi? Medwen oedd enw Mam, y ddynes blaen. Y ddynes doeddwn i ddim yn ei hoffi.
Hi oedd y ferch blaen yn y freuddwyd?
Pwy oedd y bachgen tal, tywyll tenau?
Oedd Mam wedi gadael i rywun foddi yn y môr?
Dyna pam doeddwn i ddim yn ei hoffi hi?
Cofiais i eiriau Daniel, "Mae 'na gymaint o bethau dydyn ni ddim yn deall."

GEIRFA

ar ben hyn i gyd	on top of all this
atgoffa	to remind
boddi	to drown
crynu	to shiver, shake
dieithr	unfamiliar
dirgel	mysterious
dirgelwch	mystery
dychryn	to frighten
dychrynllyd	terrible
er enghraifft	for example
gwarthol	stirrup
gweryru	to neigh
lapio	to wrap
llusgo	to drag
llyfu	to lick
pentwr	heap
sibrwd	to whisper
tafodau	tongues
ton	wave
ysbrydion	ghosts